Inhalt

Krisenmanagement - hat das Jammern bald ein Ende?

Kernthesen

Beitrag

Fallbeispiele

Weiterführende Literatur

Impressum

GENIOS WirtschaftsWissen Nr. 09/2003 vom 01.09.2003

Krisenmanagement - hat das Jammern bald ein Ende?

M.Sydow

Kernthesen

- Mit richtig verstandenem Krisenmanagement wird die mittlerweile drei Jahre dauernde Krise als Chance zur strategischen Veränderung verstanden und aktiv angegangen.
- Die ersten Auswirkungen strategischer Veränderungen zeigen sich im Bankensektor, wo eine längst überfällige Ausdünnung des Filialnetzes zu Kosteneinsparungen führt.
- Durch die Krise wird es zur verstärkten Bildung von strategischen Allianzen

kommen. Diese Organisationsform hat gerade in wirtschaftlich angespannten Zeiten große Vorteile.

Beitrag

Die Presse bringt seit Mitte 2001 im Monatsrhythmus eine Hiobsbotschaft nach der anderen. Am Anfang stand das Platzen der Dot-Com-Blase, dann kamen die großen Unternehmenszusammenbrüche (Enron, Worldcom, etc.), Bilanzskandale führten schließlich direkt hinein in die weltweite Vertrauenskrise. Die Grundpfeiler des marktwirtschaftlichen Systems wurden in Frage gestellt. Seit letztem Jahr spricht jeder nur vom Versagen der Kapitalmärkte und von der Kreditklemme, die wiederum massenhafte Unternehmenspleiten nach sich zieht. Statt der Aktienkurse steigt nur noch die Zahl der Arbeitslosen. Es scheint als sei Deutschland ein einziges Jammertal, und kein Ende in Sicht. (4) Und dann das: Der jüngste Ifo-Konjukturtest (2. Halbjahr 2003) sieht den Frühsommer 2003 als mögliche Wende. Die Weltkonjunktur sei wieder leicht aufwärts gerichtet. Das Jahr 2003 würde zwar noch schleppend verlaufen, aber bereits für das Jahr 2004 wird eine Erholung prognostiziert. Selbst in Deutschland bekäme man diese positive Entwicklung der Weltkonjunktur zu spüren. (9)

Auf den Konjunkturaufschwung zu warten ist eine Möglichkeit, eine andere besteht jedoch darin, mit aktivem Krisenmanagement, die Dinge in die Hand zu nehmen. Vielerorts wird bisher nur gewehklagt, aber es gibt auch einige Unternehmen, die durch gezielte Maßnahmen die eigene Position wieder nachhaltig gestärkt haben, und so die Weichen für die Zukunft stellen.

Klassisches Krisenmanagement

Das Ziel des Krisenmanagement ist grundsätzlich der Erhalt bzw. die Verbesserung der Liquidität, um so das Fortbestehen des Unternehmens sicherzustellen. Oft steht am Anfang des Krisenmanagementprozesses jedoch eine zu detaillierte Fehleranalyse, die nach Schuldigen sucht. Dieser Blick zurück ist nicht zielführend. Die Fragen, die sich ein Unternehmen stellen sollte, um den Weg aus der Krise zu finden sind:
- Welche Produkte und welche Märkte sind profitabel, welche müssen saniert werden?
- Wo und wie können Kosten gesenkt werden?
- Wie kann man sich von der Konkurrenz absetzen?
- Gibt es lukrative Produkte oder Geschäftsfelder, die noch nicht erschlossen sind?

Diese Überlegungen ermöglichen letztlich erst Schritte, die zu einer strategischen Neupositionierung führen können, und damit zu einer Alternative zu reinen Kostensenkungsmaßnahmen.

Die Krise als Chance begreifen

Immer wieder macht das Schlagwort die Runde, man solle doch die Krise als Chance begreifen. Diese euphemistische Auffassung mag denjenigen Unternehmenslenkern, denen das Wasser bis zum Hals steht, zynisch vorkommen. Dennoch, es steckt ein Körnchen Wahrheit darin. Für bestimmte Unternehmen, vor allem für solche, die aufgrund günstiger Markverhältnisse zu schnell gewachsen sind, bringt die derzeitige Krise ein Art Verschnaufpause. Es ist die Zeit gekommen, die strategische Positionierung zu überdenken und zu entscheiden, wie es weiter gehen soll. Das Krisenmanagement erschöpft sich also nicht darin, die bereits akute Krise durch Kostensenkungen nach der Devise "Augen zu und durch" so gut es eben geht zu überstehen, sondern ein strategisches Ziel zu bestimmen, das unter den neuen Voraussetzungen angestrebt wird.
Eine Konjunkturflaute stellt damit einen ökonomischen Selektionsmechanismus dar, der die

am besten angepassten Unternehmen aussiebt.
Die Chance besteht in dem Zwang, umdenken zu müssen. Solange das Geschäft auskömmlich ist, wird in der Regel nicht über eine strategische Änderung wie z. B. die Überprüfung der Wertschöpfungstiefe nachgedacht. Die finanzielle Notlage macht eine solche, womöglich längst überfällig Veränderung, nicht nur notwendig, sondern erzwingt sie quasi. Der Vorteil: Nach der Krise finden clever neu positionierte Unternehmen eine wesentlich bessere Ausgangslage vor, als solche, die auf Grund von reinen Substanzreserven die Krise überstanden haben.

Wenn die Krise überstanden ist, lauert die Übernahme

Viele der krisengeschüttelten Unternehmen sind aber nach einer strategischen Neuausrichtung zu schwach um im Wettbewerb allein zu bestehen. Nachdem der Markt für Unternehmenskäufe langsam wieder in Bewegung kommt, sehen viele Unternehmenslenker deshalb einer zweifelhaften Zukunft entgegen: Haben Sie es gerade mit Müh und Not geschafft, ihr Unternehmen durch die Krise zu manövrieren, so steht am Ende im Regelfall ein gesundes aber unterbewertetes Unternehmen - der ideale

Übernahmekandidat. Diese Angst ist besonders bei mittelgroßen Unternehmen stark verbreitet (11), betrifft aber auf der anderen Seite selbst die Nummer zwei unter den deutschen Banken, die HypoVereinsbank. (8)

Fallbeispiele

1) Strategische Allianz zwischen KarstadtQuelle und Starbucks
Die Not macht erfinderisch. Um die Attraktivität der Kaufhäuser zu erhöhen gehen KarstadtQuelle eine Kooperation mit Starbucks ein. Der Handelskonzern kann sich nun aufgrund der eingebauten Coffee-Bars mit Begriffen wie "Life-Style" und Erlebniseinkauf schmücken. Vorteil für Starbucks: der Eintritt in den deutschen Markt wird deutlich erleichtert. (6)

2) Cable & Wireless überdenkt strategische Position
Wie viele andere Telekommunikationsunternehmen, so hat auch Cable & Wireless mit den Gedanken geliebäugelt, ein Global Player zu werden. Dass das Unternehmen dieser Herausforderung von Anfang an nicht gewachsen war, das musste sich nun Firmenchef Caio eingestehen. Das Unternehmen wird

sich vom amerikanischen Markt wieder zurückziehen und setzt nun verstärkt auf Europa. (3)

3) Krisenerprobte Führungskultur bei DM
DM-Chef Götz Werner gewinnt das Vertrauen seiner Mitarbeiter durch seinen unverwechselbaren Führungsstil, der sich durch Individualität und Verantwortung auszeichnet. Seiner Meinung nach müssen Chefs u.a. selbstkritisch, authentisch und individuell sein, um die Belegschaft hinter sich zu bringen, und das Unternehmen aus der Krise zu führen. (5)

Weiterführende Literatur

(1) Banze, S., "Strategische Allianzen sind die Zukunft", Welt am Sonntag, Jg. 56, 24.08.2003, Nr. 34, S. 28
aus Manager Magazin, 01.05.2003, Nr. 5, Seite 150

(2) "Austerity-Politik" als Krisenstrategie der deutschen Großbanken
aus Sparkasse, August 2003, Nr. 08, S. 363

(3) Cable & Wireless verschärft das Krisenmanagement
aus Frankfurter Allgemeine Zeitung, 05.06.2003, Nr. 129, S. 22

(4) Zwischenstopp in Jammerland Die Chancen auf

eine ökonomische Wiederkehr der Deutschen stehen seit diesem Sommer weit besser, als es das ewige Genörgel am Zustand der Republik vermuten lässt
aus Financial Times Deutschland vom 04.07.2003, Seite 30

(5) Gemeinsam stark In schwierigen Zeiten besinnen sich Unternehmer und Manager verstärkt auf den Führungsstil der harten Hand - ein gefährlicher Irrweg.
aus Impulse vom 01.07.2003, Seite 108

(6) Wer kooperiert,-steigert die Produktivität
aus acquisa, Heft 06/2003, S. 28

(7) Prinzip Ehrlichkeit Führen in Krisenzeiten. Managern fällt es schwer, Mitarbeitern Orientierung zu geben. Was tun? Die Chefs müssen wieder lernen, sich selbst zu positionieren.
aus Capital vom 12.06.2003, Seite 96

(8) In tragischer Mission Hypovereinsbank. Vorstandschef Dieter Rampl kämpft um die Sanierung seiner Bank und weiß genau: Hat er Erfolg, ist sein Haus ein Übernahmekandidat.
aus Capital vom 12.06.2003, Seite 46

(9) ifo Konjunkturprognose 2003/2004: Erholung erst im nächsten Jahr
aus Ifo Schnelldienst, Heft 13/2003, S. 13-38

(10) Krisenzeiten als Chance Management. Die

Pleitewelle rollt: Bis zur Jahresmitte meldeten bereits 19200 Unternehmen in Deutschland Insolvenz an fünf Prozent mehr als im Vorjahreszeitraum. 310000 Mitarbeiter wurden deshalb arbeitslos oder fürchten um ihre Jobs. Was tun? Abwarten oder die Ärmel hochkrempeln? Das ist auch für Führungskräfte jetzt die entscheidende Frage. Denn viele Manager suchen die Gründe für schlechte Geschäftszahlen weniger bei sich selbst als in externen Faktoren. Das zeigt eine Studie der Deutschen Ausgleichsbank: 52 Prozent der befragten Unternehmer machen die allgemeine wirtschaftliche Lage für ihre Krise verantwortlich, und jeder Fünfte verweist auf die schlechte Zahlungsmoral der Kunden. Aber ist die Krise nicht auch eine Chance, wenn das Management vorausschauend agiert?
aus Capital vom 24.07.2003, Seite 130

(11) Stocker, F., Solide Unternehmen legen langsam los, Welt am Sonntag, Jg. 56, 06.07.2003, Nr. 27, S. 35
aus Capital vom 24.07.2003, Seite 130

(12) von der Oelsnitz, D., Strategische Allianzen als Lernarena, Wirtschaftswissenschaftliches Studium, Heft 9/2003, S. 516-520
aus Capital vom 24.07.2003, Seite 130

Impressum

Krisenmanagement - hat das Jammern bald ein Ende?

Bibliografische Information der deutschen Nationalbibliothek

Die Deutsche Nationalbibliothek verzeichnet diese Publikation in der deutschen Nationalbibliografie; detaillierte bibliografische Daten sind im Internet über http://dnb.d-nb.de abrufbar.

ISBN: 978-3-7379-1184-9

© 2015 GBI-Genios Deutsche Wirtschaftsdatenbank GmbH, Freischützstraße 96, 81927 München, www.genios.de

Alle Rechte vorbehalten. Dieses Werk ist einschließlich aller seiner Teile – z.B. Texte, Tabellen und Grafiken - urheberrechtlich geschützt. Jede Verwertung außerhalb der Grenzen des Urheberrechtsgesetzes bedarf der vorherigen Zustimmung des Verlags. Dies gilt insbesondere auch für auszugsweise Nachdrucke, fotomechanische Vervielfältigungen (Fotokopie/Mikroskopie), Übersetzungen, Auswertungen durch Datenbanken oder ähnliche Einrichtungen und die Einspeicherung und Verarbeitung in elektronischen Systemen.